Mi libro de
Plastilina

Plastilina

Amaya Giraldo, María del Pilar, 1954-
   Plastilina / María del Pilar Amaya ; fotografías Mauricio Osorio. --
Bogotá : Panamericana Editorial, 2005.
   40 p. : il., fot. ; 27 cm. -- (Todo niño es un artista)
   ISBN 958-30-1772-8
   1. Plastilina -- Enseñanza elemental 2. Arte -- enseñanza elemental
3. Juegos educativos 4. Actividades creativas y trabajo de clase 5.
Trabajos manuales (Educación) I. Osorio, Mauricio, fot. II. Tít. III.
Serie.
   372.5 cd 20 ed.
   AJD9893

   CEP-Banco de la República-Biblioteca Luis Ángel Arango

Editor
Panamericana Editorial Ltda.

Edición
Mónica Montes Ferrando

Textos y elaboración de ejercicios
María del Pilar Amaya Giraldo

Fotografías
Mauricio Osorio

Diseño de colección y diagramación
Martha Isabel Gómez

Primera edición, octubre de 2005

©Panamericana Editorial Ltda.
Calle 12 No. 34-20. Tel.: (57 1) 360 3077 - 277 0100, Fax: (57 1) 237 3805
Correo electrónico: panaedit@panamericanaeditorial.com
www.panamericanaeditorial.com
Bogotá D.C., Colombia

ISBN 958-30-1772-8

Impreso por Panamericana Formas e Impresos S. A.
Calle 65 No. 95-28. Tels.: 4302110 – 4300355. Fax: (57 1) 2763008
Quien sólo actúa como impresor.

Impreso en Colombia   Printed in Colombia

Todo niño es un artista

Plastilina

María del Pilar Amaya Giraldo

PANAMERICANA
EDITORIAL

Contenido

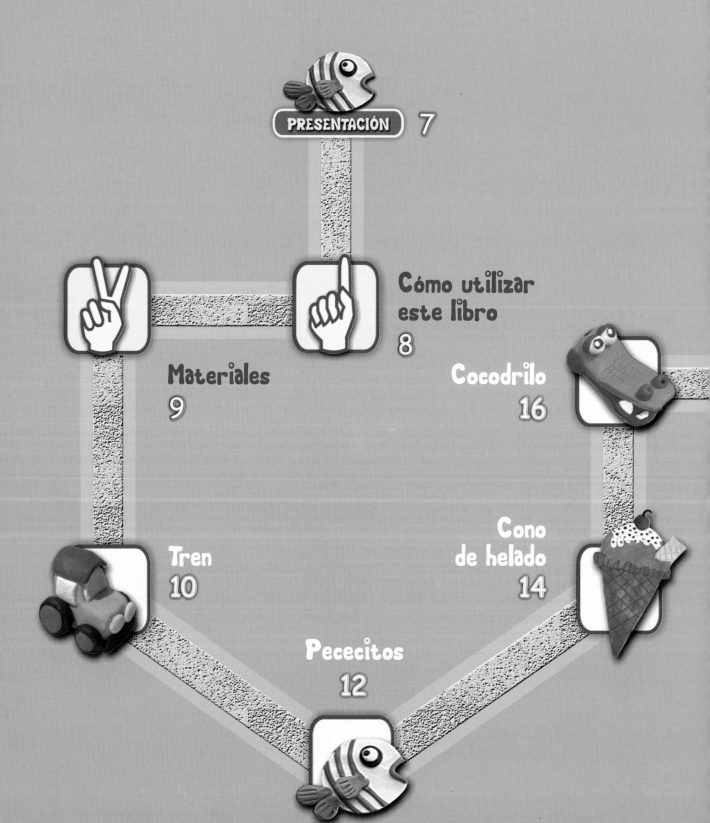

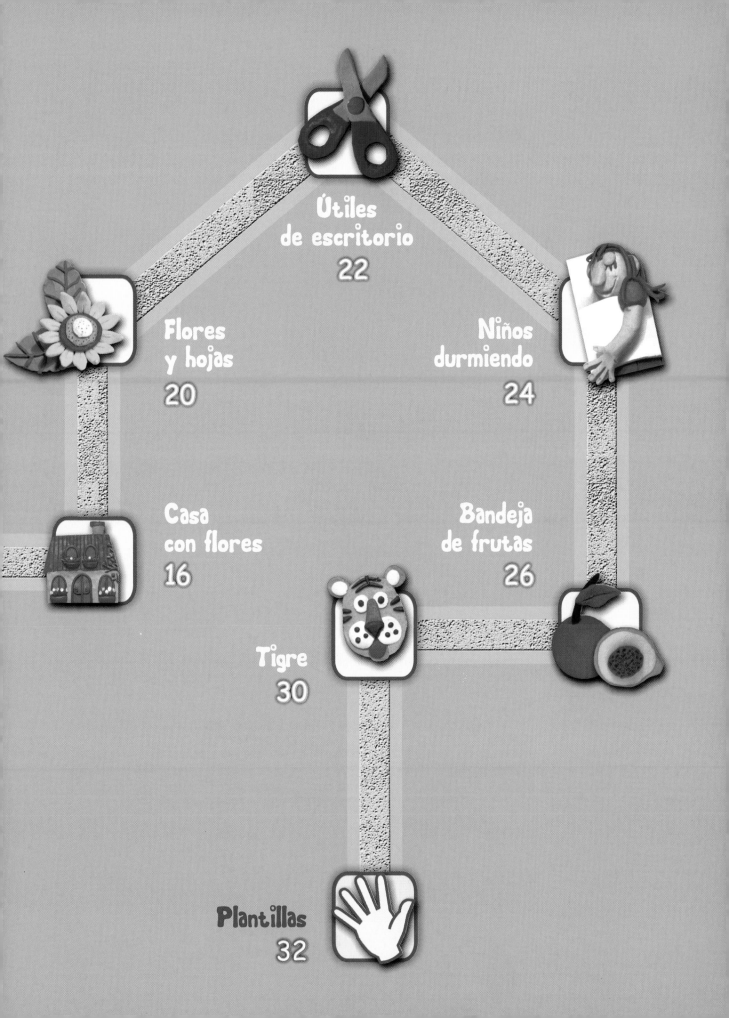

PRESENTACIÓN

¡Hola amiguitos!

Te invito a explorar el mágico mundo de la Plastilina, en donde conocerás nuevas técnicas y una variedad de manualidades que te ayudarán a descubrir el gran artista que puedes llegar a ser.

Recuerda, en tu interior tienes un tesoro que está esperando que lo descubras y lo utilices para comunicarte con tus amigos y familiares.

Es el tesoro de la imaginación y de la creatividad que puedes expresar combinando colores, formas y texturas con los que aprenderás a gozar el arte.

¡Disfrútalo!

Cómo utilizar este libro

Título de la actividad.

Este icono te indicará que debes utilizar una plantilla, la cual encontrarás en la página indicada.

Pon atención a este pececito: él te dará consejos para facilitar el manejo de los materiales.

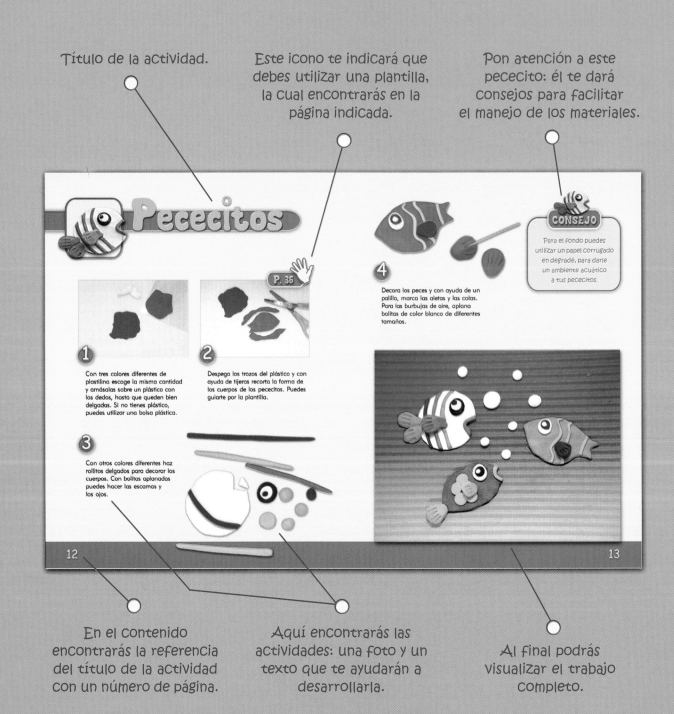

Pececitos

P. 36

1 Con tres colores diferentes de plastilina escoge la misma cantidad y amásalas sobre un plástico con los dedos, hasta que queden bien delgadas. Si no tienes plástico, puedes utilizar una bolsa plástica.

2 Despega los trozos del plástico y con ayuda de tijeras recorta la forma de los cuerpos de los pececitos. Puedes guiarte por la plantilla.

3 Con otros colores diferentes haz rollitos delgados para decorar los cuerpos. Con bolitas aplanadas puedes hacer las escamas y los ojos.

4 Decora los peces y con ayuda de un palillo, marca las aletas y las colas. Para las burbujas de aire, aplana bolitas de color blanco de diferentes tamaños.

CONSEJO

Para el fondo puedes utilizar un papel corrugado en degradé, para darle un ambiente acuático a tus pececitos.

12

13

En el contenido encontrarás la referencia del título de la actividad con un número de página.

Aquí encontrarás las actividades: una foto y un texto que te ayudarán a desarrollarla.

Al final podrás visualizar el trabajo completo.

Materiales

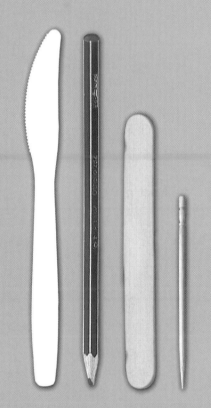

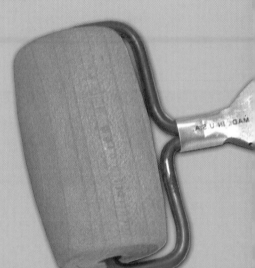

- Barras de plastilina de diferentes colores: azul, blanco, verde, amarillo, rojo, negro y café
- Papel calcante o mantequilla
- Palo de paleta
- Varios palillos
- Lápiz negro
- Borrador
- Plástico
- Cartón
- Rodillo
- Tijera

Tren

Con plastilina de colores, forma tres rectángulos. Escoge uno de ellos para la locomotora, y córtale un trozo hasta la mitad. Aplana la saliente con un palo de paleta, como se indica.

1

2

Con un poquito de plastilina amarilla haz un rectángulo bien delgado y pégalo encima de un vagón e imita arena picando con un palillo sobre aquella.

3

Con plastilina de color blanco y color verde bien amasadas y delgadas recorta las formas de las ventanas y del techo de la locomotora.

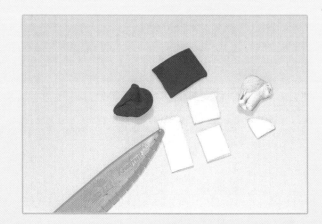

4 Haz bolitas de colores de dos tamaños, aplánalas y pon encima de las más grandes las pequeñas. En los extremos de los palillos incrusta estas bolitas, y, simulando ser las ruedas del tren, ponlas debajo de cada vagón.

5 Amasa otras dos bolitas amarillas que serán las farolas; y un larguero negro para terminar la locomotora. Una vez finalizado todo, pon primero la locomotora, seguida de los otros dos vagones. Así tendrás un espectacular tren de plastilina.

P. 36

1 Con tres colores diferentes de plastilina escoge la misma cantidad y amásalas sobre un plástico con los dedos, hasta que queden bien delgadas. Si no tienes plástico, puedes utilizar una bolsa plástica.

2 Despega los trozos del plástico y con ayuda de tijeras recorta la forma de los cuerpos de los pececitos. Puedes guiarte por la plantilla.

3 Con otros colores diferentes haz rollitos delgados para decorar los cuerpos. Con bolitas aplanadas puedes hacer las escamas y los ojos.

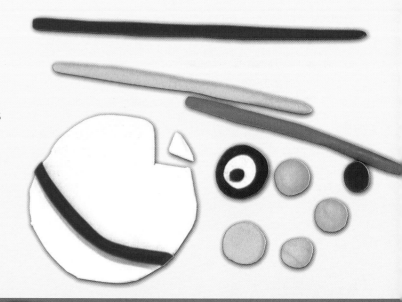

4

Decora los peces y con ayuda de un palillo, marca las aletas y las colas. Para las burbujas de aire, aplana bolitas de color blanco de diferentes tamaños.

CONSEJO

Para el fondo puedes utilizar un papel corrugado en degradé, para darle un ambiente acuático a tus pececitos.

Cono
de helado

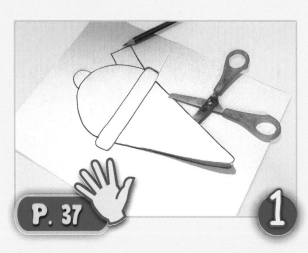

1 Calca de la plantilla la silueta del helado. Pásala a un cartón y recorta la silueta.

P. 37

2 Con color café rellena el cono, escoge otro color según el sabor del helado y otro para la salsa y la galleta.

3 Haz una bolita en rojo para la cereza y con un palillo un agujero en un extremo para meter un palito de plastilina negra para el tallo de la fruta.

CONSEJO

Puedes utilizar para hacer tu cono de helado, cartón paja o cualquier cartón. Te sirve la tapa de un cuaderno usado.

4

Pon bolitas de colores para adornarlo y con un palito de madera da textura al cono y a la galleta.

Cocodrilo

1 Sobre un cartón o una tabla esparce con los dedos plastilina azul y blanca mezclando los colores para crear varias tonalidades de azul.

Haz un rectángulo de plastilina verde para la cabeza del cocodrilo. Córtalo por la mitad y colócale adentro un poco de rojo bien aplanado. Con unas bolitas en blanco haz los ojos y con unos triángulos, los dientes.

Forma un óvalo para el cuerpo y un rollo para la cola. Debes pegar estas formas, simulando ser partes del cuerpo del cocodrilo que salen del agua. Realiza la textura de la piel del animal con un palillo.

2

3

4

En un tono de verde más oscuro haz la nariz y los párpados. Además, con el mismo tono de plastilina haz la cresta y pégala sobre la cabeza, el cuerpo y la cola.

CONSEJO

Los colores que no tengas los puedes formar mezclando otros.
Ejemplos:

Amarillo + rojo = naranja
Amarillo + naranja = amarillo quemado
Negro + blanco = gris
Naranja + blanco = color piel

Casa
con flores

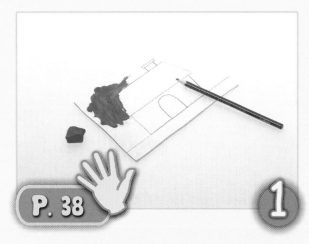

P. 38

1

Calca la plantilla o dibuja la forma de la casa sobre un cartón o tabla. Separa con una línea el cielo del suelo y esparce con los dedos, el azul y el gris respectivamente.

2

Amasa plastilina naranja, forma una bola y aplánala para el Sol. Con la punta de los dedos esparce el blanco para formar las nubes.

3

Sobre un plástico aplana muy bien plastilina roja y naranja, recórtalas para hacer el techo y la pared. Pégalas en el fondo que le corresponde. Haz lo mismo para la puerta y las ventanas, arqueadas en la parte superior.

CONSEJO

Para formar piedras, debes mezclar dos colores: uno claro y otro oscuro y no amasarlo demasiado para que la plastilina no se mezcle bien y así al formar las piedras parezcan reales.

4 Con rollitos delgados en plastilina café bordea las ventanas, la puerta y el tallo de la enredadera.

6 Aquí puedes visualizar detalladamente cómo se colocan las flores en la ventana y en la enredadera.

5 Adelgazando bastantes rollitos de colores podrás formar las flores; y con bolitas pequeñas, las hojas.

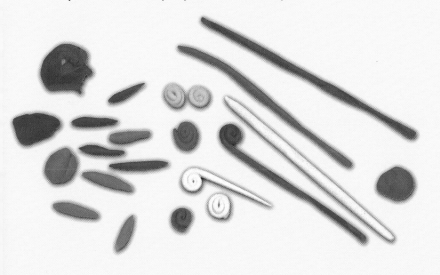

7

Una vez hayas pegado las flores y hojas en la parte inferior de las ventanas, rodéalas con plastilina café en forma de materas.

8

Mezcla plastilina gris y blanca y haz bolitas. Pega éstas en la parte inferior del dibujo, simulando un camino de piedra.

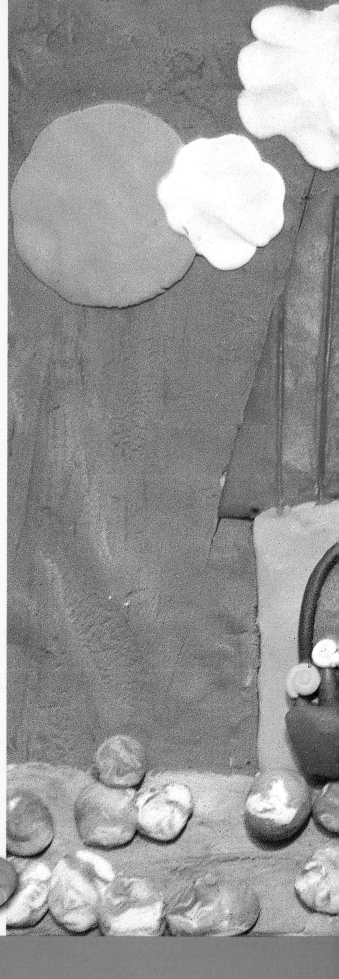

Flores
y hojas

1 Aplana y moldea plastilina verde para hacer hojas. Dibuja las venas con unos palitos o ponle rollitos delgados de verde oscuro.

2 Con diferentes colores, moldea distintas formas de pétalos para las flores: largos, redondeados y en forma de corazón.

3 Encima de bolitas aplanadas de plastilina pega los pétalos para armar diferentes clases de flores.

Para que los rollitos no se partan y se puedan hacer muy delgados, utiliza la punta de los dedos y suavemente los corres del centro a los bordes hasta que logres el grosor deseado.

④

Forma los centros con círculos de diferentes tamaños: uno pequeño encima de uno grande, y con un palillo pícalos y haz texturas.

Útiles
de escritorio

1 Haz dos rollitos medianos y uno más grueso para formar un lápiz, un pincel y un tubo de pintura, respectivamente. Procura dejar un extremo más delgado. No olvides que puedes utilizar los colores que desees. Entre más vivos, mejor.

2 Haz láminas de plastilina muy delgados y pégalas a las puntas del lápiz y pincel. Para la brocha haz un rollito pequeño, ponle la mitad de un palillo y métalo al cabo del pincel.

3 La tapa del tubo de pintura se hace con dos círculos de diferente tamaño aplanados. Decora con ayuda de un palillo.

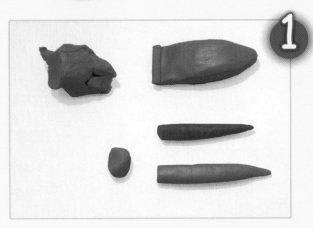

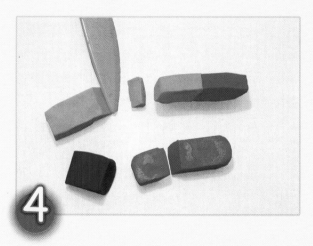

4

Para el sacapuntas y el borrador forma rectángulos gruesos de color y córtalos perpendicularmente. Pega y moldea el borrador.

5

Con un poquito de blanco aplastado formarás la cuchilla que pegarás al otro rectángulo que sobró. Con la punta de un lápiz haz el agujerito en la parte más gruesa.

Convierte dos bolitas azules aplastadas en los ojos de la tijera, abre los agujeros con una tapa de marcador y en gris bien delgado moldea las hojas de la tijera.

6

7

Aplana plastilina café, dale forma de paleta de pintor y coloca bolitas de colores sobre ésta.

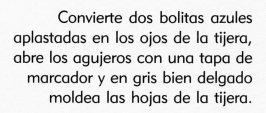

CONSEJO

Es muy importante cuando se cambia de color de plastilina, de tonos oscuros a claros (amarillo y blanco) limpiar la mesa, los utensilios y los dedos, con toallitas de papel, para que no se ensucien los tonos claros.

8

Monta las partes de la tijera. Reserva dos bolitas de plastilina del color que escojas —puede ser fucsia— para los tornillos de la tijera y del sacapuntas y con un palillo traza una línea en el centro.

1 Con una bolita de color piel forma la cabeza. Pega la nariz y las orejas. Y con un palillo moldea la boca.

2 Con otras dos bolitas de color piel haz los párpados y con rollitos de color café las pestañas. Debes poner primero las pestañas y después los párpados.

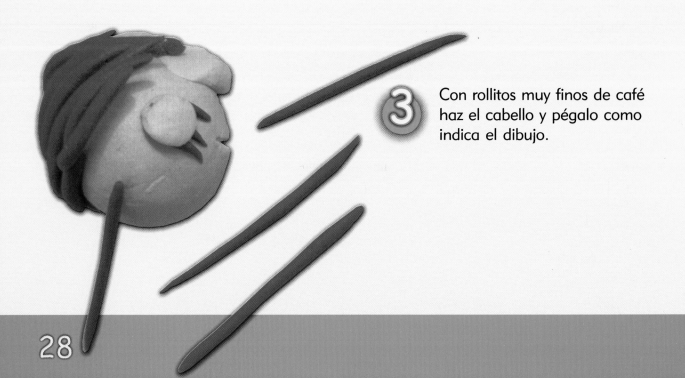

3 Con rollitos muy finos de café haz el cabello y pégalo como indica el dibujo.

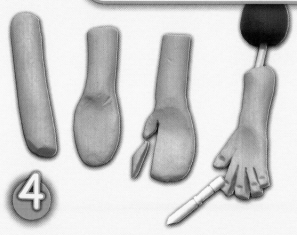

④

⑤

De un rollo color piel y aplastado en un extremo como un remo, corta los dedos y moldéalos. Con el revés de un palillo grueso forma las uñas. Une el brazo con la manga con ayuda de un palillo partido e incrústalo en ambos extremos.

En blanco aplanado haz la almohada y la sábana. En otro color la cobija y con un palillo dibuja una cuadrícula sobre ésta. Pon la cabeza del niño en la almohada y cúbrelo con la cobija y al final pon el brazo sobre ésta.

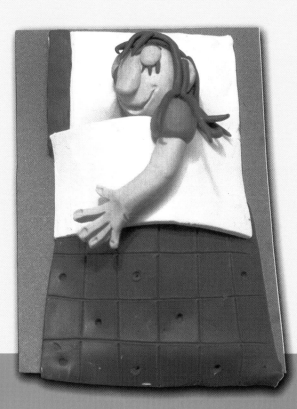

Bandeja
de frutas

1 Necesitas dos bolas en amarillo, dos en naranja y dos en rojo para las frutas. Corta una de cada color por la mitad.

Para la manzana y la naranja aplana una bola blanca y pégala en una de las mitades. Bolitas negras y goticas amarillas servirán para imitar las semillas.

Al durazno le haces una punta en un extremo y la hendidura con un palillo. En el interior pones un círculo amarillo.

2

3

30

Puedes inventar otras frutas por ejemplo un limón. Utiliza, en este caso, verde o amarillo y sigue la explicación de la naranja.

Para imitar la semilla del durazno, colocas una bolita café en el centro y con la punta de un palillo picas la plastilina bastante pero suavemente para simular la textura de la semilla.

4

5 Para los tallos y hojas de las frutas, abre con un palillo un agujerito en un extremo e introduce un rollito café o negro. Puedes poner hojitas.

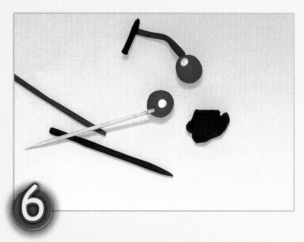

6 Las cerezas son dos bolitas rojas más pequeñas, con dos rollitos cafés largos unidos con un rollito negro.

7 Para hacer la bandeja de las frutas haz en plastilina café un rectángulo un poco grueso con dos asas, una a cada lado. Ahora podrás poner tus frutas sobre esta bandeja.

8 Mira como quedan las semillas de la manzana y los casquitos de la naranja. Utilizando tu ingenio podrás crear otras texturas.

P. 39

1

En un rectángulo de cartón esparce
plastilina verde y gris.

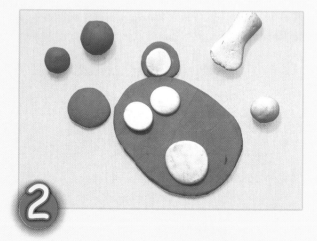

2

Con bolas grandes y pequeñas en
color naranja y blanco, y aplastándolas
con el dedo forma la cabeza
del tigre.

3

Un triángulo rojo y otro negro
para formar la nariz. Y unos
rollitos negros para las manchas
del cuerpo del tigre.

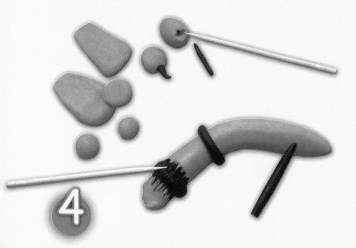

4

5

La cola y las patas van en naranja.
Los dedos son bolas aplanadas con
un agujerito para colocar las uñas.
En la cola pon rollitos negros al
través, que luego con un palillo
rayas para formar el pelo.

Pega el tigre en el fondo y con rollitos
verdes forma una maleza para que
parezca que el tigre está saliendo.
En el piso piedritas mezclando gris
y blanco.

Plantillas

P. 12

P. 14

P. 18

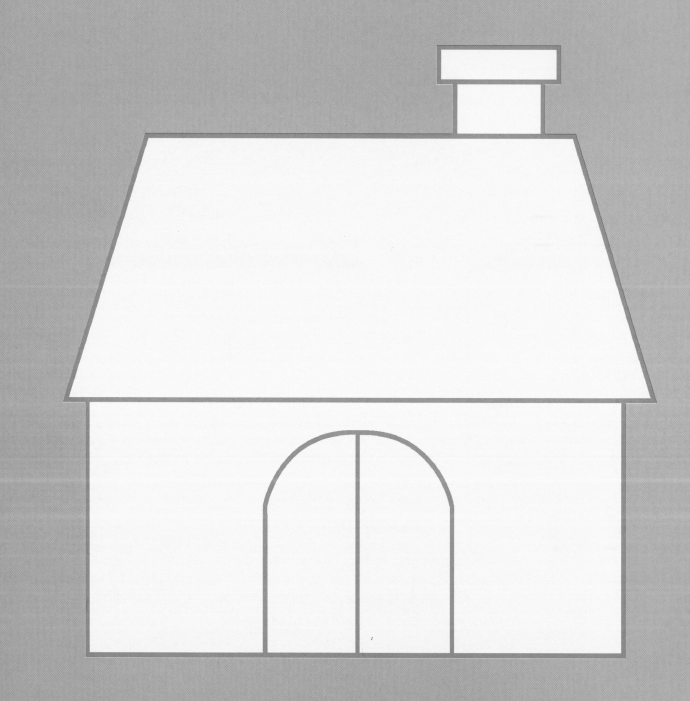

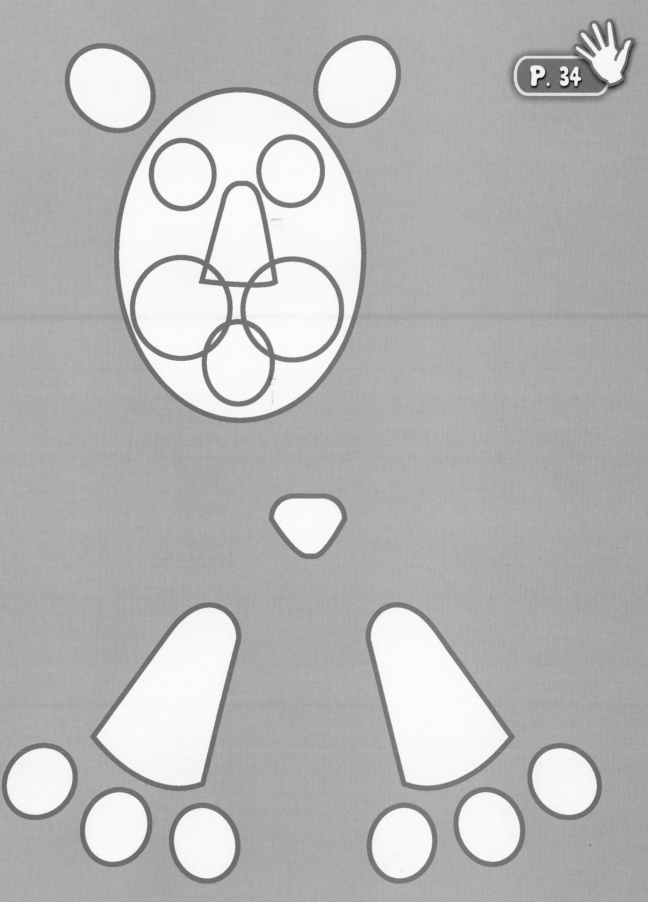

P. 34

CONSEJO

Siempre que cambies de color, especialmente cuando utilices colores claros, debes limpiarte las manos con una toalla desechable para que no se ensucien los colores. Una vez termines la actividad, los trozos de plastilina sucios colócalos juntos, no los deseches, pues estos te servirán de base para nuevas figuras. Y los colores limpios colócalos en bolsas plásticas para que no se sequen con el aire, y así cuando los vuelvas a usar estén suaves.